AF245732

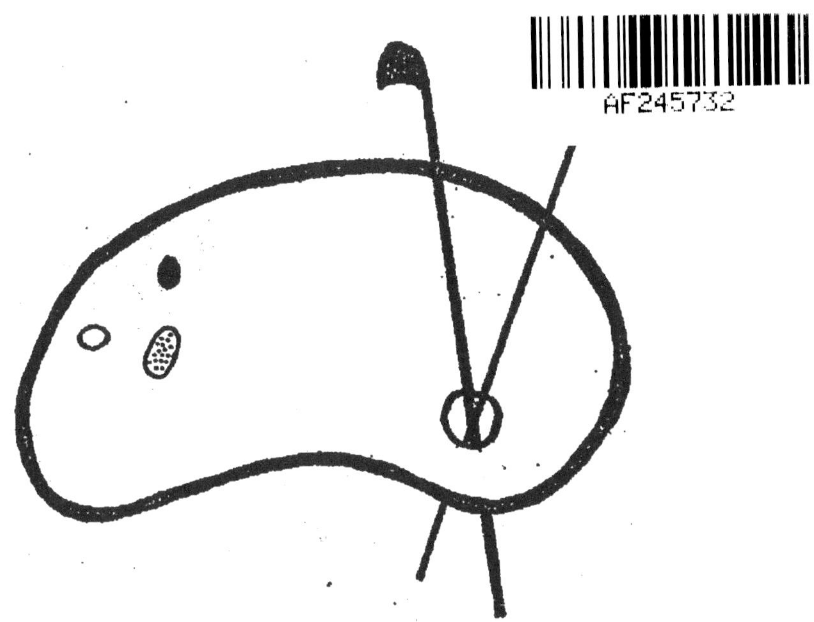

DEBUT D'UNE SERIE DE DOCUMENTS
EN COULEUR

8⸱R
1L946
(151)

LE PROCÈS
DE JÉSUS-CHRIST

PAR

le Chanoine Constantin CHAUVIN
Ancien professeur d'Écriture sainte au Séminaire de Laval
Consulteur de la *Commission biblique*

—

QUATRIÈME ÉDITION

PARIS

LIBRAIRIE BLOUD & Cie

4, RUE MADAME ET RUE DE RENNES, 59

1904

Tous droits réservés.

SCIENCE ET RELIGION

Études pour le temps présent. — Prix 0 fr. 60 le vol.

87 **L'Autorité humaine des Livres saints,** par le P. MÉCHINEAU, S. J.. 1 vol.
88 **Qu'est-ce que le Miracle ?** *Analyse de sa notion. Ses éléments constitutifs*, par l'abbé E. COSTE, docteur en philosophie.. 1 vol.
39 **Les Trois formes du Surnaturel.** *Le Miracle, la Révélation et la Grâce*, par Pierre VALLET, P. S. S................... 1 vol.
90 *Du même auteur :* **Dieu principe de la loi morale...** 1 vol.
91-92 **La Bible depuis ses origines jusqu'à nos jours,** par l'abbé C. CHAUVIN, consulteur de la « *Commission biblique* » 2 vol.
Chaque volume se vend séparément.

I. — *La Bible chez les Juifs*........................... 1 vol.
II. — *La Bible dans l'Église catholique*................. 1 vol.
93-94-95 **Etudes sur l'origine de la Société,** par le R. P. MONTAGNE, professeur à l'Institut catholique de Toulouse............. 3 vol.
Chaque volume se vend séparément.

I. — *La Théorie du Contrat social*................... 1 vol.
II. — *La Théorie de l'Organisme social, d'après l'Ecole naturaliste*.. 1 vol.
III. — *La Théorie de l'Etre social, d'après saint Thomas d'Aquin* 1 vol.
96 **Le Problème de la Souffrance humaine. —** *Pourquoi souffrir ? Triple réponse chrétienne*, par le P. BADET, de l'Oratoire. 1 vol.
97 **Le Matérialisme et la Nature de l'Homme,** par M. l'abbé G. CONTESTIN... 1 vol.
98 99 100 **Le Mouvement religieux en Angleterre au XIX° siècle,** par le R. P. RAGEY..................... 3 vol.
Chaque volume se vend séparément.

I. — *L'Anglicanisme*................................. 1 vol.
II. — *Le Ritualisme*................................. 1 vol.
III. — *Le Catholicisme en Angleterre*................. 1 vol.
101 **La Liberté d'Enseignement.** *Aperçu historique*, par M. LAURENT... 1 vol.
102 103 104 **Rivalités scientifiques, ou la Science catholique et la prétendue impartialité des historiens,** par le R. P. ORTOLAN.   3 volumes se vendant séparément.

I. — *La Manie du dénigrement*...................... 1 vol.
II. — *Les Fausses Réputations*..................... 1 vol.
III. — *Les Oubliés*................................. 1 vol.
105 **L'Occultisme contemporain. —** *Ses doctrines et ses divers systèmes*, par Charles GODARD, Docteur ès lettres........ 1 vol.
106 **Evolution, Progrès et Liberté,** par Pierre VALLET, P. S. S... 1 vol.
107 **Les Morts reviennent-ils ?** par I. BERTRAND....... 1 vol.
108 **Les Qualités de l'Éducateur,** par J. GUIBERT, P. S. S.. 1 vol.
109 **La Bible et les théories scientifiques. —** *L'Eglise infaillible gardienne des divines Ecritures. Son attitude en face de la science*, par l'abbé Bénoni COLOMER, professeur d'Ecriture Sainte. 1 vol.
110 **L'Origine apostolique du Nouveau Testament,** par le P. Lucien MÉCHINEAU, S. J.............................. 1 vol.
111 **Hasard ou Providence.—** *Le Problème des causes finales*, par le R. P. J.-D. FOLGHERA, O. P.......................... 1 vol.
112 **La Conservation de l'Energie et la Liberté morale,** par le R. P. DE MUNNYNCK, O. P........................... 1 vol.
113-114 **Le Péché originel dans Adam et ses descendants.** *Exposé apologétique*, par le R. P. LE BACHELET, S. J., 2 vol. Prix : 1 fr. 20

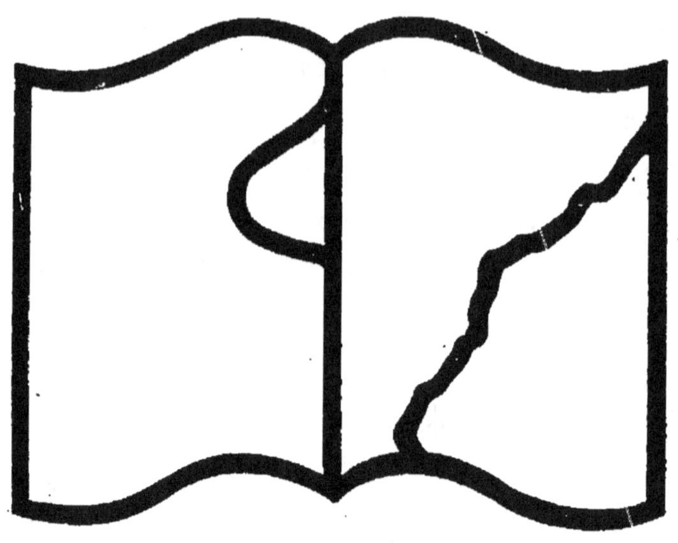

Texte détérioré — reliure défectueuse

NF Z 43-120-11

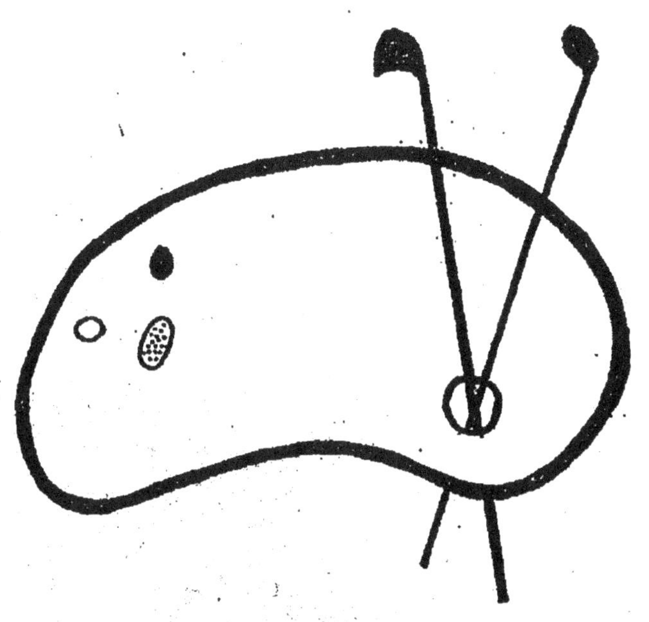

FIN D'UNE SERIE DE DOCUMENTS
EN COULEUR

LE

PROCÈS DE JÉSUS-CHRIST

8° R 14946 (151)

Imprimatur.

Laval, 19 Février 1901.

A. BATARD, vic. gén.

SCIENCE ET RELIGION
Etudes pour le temps présent

LE PROCÈS DE JÉSUS-CHRIST

PAR

le Chanoine Constantin CHAUVIN

Ancien professeur d'Écriture sainte au Séminaire de Laval
Consulteur de la *Commission biblique*

PARIS

LIBRAIRIE BLOUD & Cie

4, RUE MADAME ET RUE DE RENNES, 59

1904

Tous droits réservés.

BIBLIOGRAPHIE

LIGHTFOOT, *Horæ hebraïcæ et talmudicæ*, Opp. t. II.

BUXTORF, *De synagoga*.

MEUSCHEN, *Novum Testamentum ex Talmude illustratum*.

VITRINGA, *De synagoga vetere*.

SELDEN, *De successione in pontificatum*.

RELAND, *Antiquitates sacræ*.

RAYMOND MARTIN, *Pugio fidei*.

GODWIN, *Moses et Aaron*.

SIGONIUS, *De judiciis*.

FLAVIUS JOSÈPHE, *Antiquitates*.

TALMUD, *passim*, surtout traité *Sanhédrin*. Trad. Schwab.

DERENBOURG, *Essai sur l'histoire de la Palestine*.

HOFFMANN, *Le procès de N.-S. J.-C.*

LÉMANN, *Valeur de l'assemblée qui condamna J.-C.*

KNABENBAUER. *Commentarii in Evangelia*.

GODET, *Commentaire sur saint Jean*, t. III ; *sur saint Luc*, t. II.

STAPFER, *La Palestine ; La mort de J.-C.*

MUNK, *La Palestine*.

FRIEDLIEB, *Archéologie de la Passion*, trad. Martin.

OLLIVIER, *La Passion*.

RÉVILLE, *Jésus de Nazareth*, t. II.

FRETTÉ, *N.-S. J.-C.*, t. II.

DE SAULCY, *Sept siècles de l'histoire judaïque*.

LE CAMUS, DIDON, FOUARD, SEPP, DUPIN, etc.

PREFACE

—

Longtemps à l'avance les prophètes d'Israël annoncèrent le procès de Jésus-Christ ;
ils en détaillent même quelques incidents.
Écoutons David, par exemple :

Les rois de la terre se sont levés,
Les princes se sont unis
Contre Jéhovah et contre son Christ...
Mes ennemis profèrent contre moi des malédictions...
Des témoins iniques se lèvent contre moi ;
Ils m'interrogent sur ce que je ne sais pas...
Au milieu des pervers et des parasites railleurs,
Ils grincent des dents contre moi ;
Et leur bouche s'ouvre, et ils disent :
« Victoire ! victoire ! nos yeux ont vu sa ruine » (1).

Bossuet a donc eu raison d'écrire « qu'il n'y a rien de grand ni de glorieux que (David) n'ait dit du règne du Messie..., et qu'en publiant ses magnificences il ne tait pas ses opprobres (2) ».

(1) Cf. *Ps.* II, 2 ; XL, 8 ; XXXIV, 11, 15, 16, 21.
(2) *Discours sur l'histoire universelle*, IIe partie, ch. IV.

Nous voulons raconter, l'Evangile à la main, et discuter à la lumière de l'histoire cet inique procès que le Sanhédrin intenta au Christ, et qui aboutit au DÉICIDE.

Mayenne, en la fête de la Purification de la Sainte Vierge.

Février 1901.

LE PROCÈS DE JÉSUS-CHRIST.

PREMIÈRE PARTIE

Les Juges de Jésus-Christ.

CHAPITRE PREMIER

LES JUGES, MEMBRES DU SANHÉDRIN

Les juges qui condamnèrent le Christ à mort, et firent ratifier par Pilate leur inique sentence, appartenaient au Sanhédrin de Jérusalem.

Qu'était-ce donc que le Sanhédrin ? Etymologiquement ce nom est d'origine grecque. Il désignait chez les Juifs le « grand conseil », ou le tribunal suprême de la nation, qui fut créé à Jérusalem après l'exil de Babylone (1). C'est par

(1) Lémann, *Valeur de l'Assemblée*, p. 3.

une exagération manifeste que les talmudistes (1) en font remonter l'origine jusqu'au temps de Moïse (2).

Les sanhédrites tenaient ordinairement séance dans une salle du Temple, construite en pierres taillées et appelée pour cette raison *lischkath-hagazith*. Elle était, dit-on, contiguë au côté sud de l'édifice. Quand les sanhédrites se réunissaient au grand complet, ils ne devaient pas être moins de soixante et onze, y compris le président (3).

Ces soixante et onze membres formaient trois chambres ou classes : la classe des grands-prêtres, ἀρχιερεῖς ; la classe des anciens, πρεσβύτεροι ; la classe des scribes ou docteurs de la Loi, γραμματεῖς. Tous ces détails nous sont donnés par le Nouveau Testament, l'historien Josèphe, et le Talmud.

En principe chacune des chambres du Sanhédrin comptait vingt-trois membres, mais cette égalité dans la répartition des personnes ne fut pas observée toujours ;

(1) Cf. *Mishna*, tr. Sanhéd., I, § 6.

(2) D'après *Nomb.*, XI, 16.

(3) Outre le président (*nasi*) il y avait aussi un vice-président appelé « père du tribunal » (*ab béth-din*). Cf. *Kethuboth*, ch. XII ; *Horaïoth*, ch. III.

elle ne l'était pas surtout au siècle de Jésus-Christ. A cette époque les prêtres formaient avec les scribes la majorité au Sanhédrin, « parce que, prétend Abarbanel (1), n'ayant pas comme les autres israélites de biens-fonds à cultiver et à faire valoir, ils avaient plus de temps à consacrer à l'étude de la Loi et de la justice ; d'où il suit qu'ils se trouvaient plus aptes à prononcer des jugements ». C'est donc le parti sacerdotal qui eut la grande responsabilité dans le procès du Christ.

Anne et Caïphe étaient alors les deux *leaders* de ce parti.

§ 1. — *Anne l'ex-grand-prêtre.*

Renan (2) a écrit que le grand-prêtre Anne (ou Hanan) fut « l'acteur principal du drame » de la Passion et « l'auteur véritable du meurtre juridique » du Christ. La remarque est juste. Caïphe, les scribes, et tout le peuple ne furent en effet que « des instruments dociles entre ses mains (3) ».

Cet influent personnage, d'origine

(1) *Comm. sur la Loi*, fol. 336, recto.
(2) *Vie de Jésus*, pp. 367, 396 éd. 9ᵉ.
(3) Cf. *Sepp, Vie de J.-C.*, t. II, *p.* 326, trad. Sainte-Foi.

alexandrine (1), était le fils de Seth. Il fut élevé dans les doctrines des sadducéens. Esprit vif et délié, ambitieux et retors, il parvint à se faire de bonne heure une réputation rare d'habileté. D'après Josèphe, personne ne savait être plus adroit pour accroître sa fortune. Il lui fut donc aisé de s'attirer par des dons magnifiques la faveur du gouverneur, même celle du grand-prêtre Josué qu'il cultivait assidûment (2), paraît-il.

Anne avait trente-sept ans lorsqu'il fut nommé ἀρχιερεύς. Les promotions au souverain pontificat étaient devenues depuis longtemps affaire d'intrigues et d'argent. Les procurateurs romains faisaient et défaisaient les pontifes, comme plus tard les prétoriens firent et défirent les empereurs. On donnait la tiare à qui offrait le plus (3). Aussi beaucoup pensent que le fils de Seth ne fut point sans user de quelques manœuvres auprès de Sulpicius Quirinius, alors gouverneur de Syrie et de Judée, pour

(1) DERENBOURG, *Histoire de la Palestine depuis Cyrus jusqu'à Adrien.*

(2) *Antiq. jud.*, XX, ch. IX, n. 2.

(3) Lire Maïmonide dans *Yóma*, ch. I, n. 3.

briguer les honneurs du suprême sacerdoce ; peut-être sut-il le gagner par quelque somme importante. Il est certain du moins que l'ambitieux Anne avait beau jeu pour nouer ses intrigues.

Les derniers grands-prêtres, depuis Simon, fils de Boéthos, n'étaient ni recommandables, ni influents. A peine restaient-ils une année en charge ; on les déposait ensuite.

Anne s'arrangea de façon à être plus heureux. Nommé vers l'an 6 après Jésus-Christ, il conserva ses hautes fonctions pendant près de dix années, jusqu'à l'an 15. C'est alors que Valérius Gratus le révoqua, pour mettre à sa place le bel Ismaël ben Phabi, — un efféminé et un courtisan (1). L'ex-grand-prêtre garda quand même son titre d'ἀρχιερεύς et, — ce qui valait mieux pour lui encore, — l'influence et la considération. Son successeur ne demeura en charge que quelques mois. Anne fut-il entièrement étranger à cette disgrâce ? On ne le croit pas, car Ismaël ben Phabi fut remplacé précisément par Eléazar, un des fils de l'ancien et rusé pontife. Il est vrai qu'E-

(1) Josèphe, *Antiq.*, XVIII, ch. II, n. 2.

léazar fut dépossédé à son tour au bout d'une année. Vers l'an 17, Valérius Gratus transmit les fonctions sacrées à Simon ben Kamith. Mais l'habile père d'Eléazar prit sa revanche en faisant nommer un an plus tard, en place du fils de Kamith, son propre gendre, Joseph Kaïaphas, — le Caïphe de la Vulgate. Ce dernier, soutenu sans doute par son influent beau-père, resta ἀρχιερεύς près de dix-huit années, de l'an 18 à l'an 36 après Jésus-Christ (1).

Aux jours de la Passion, Anne était donc sans conteste le personnage le plus en vue et le plus puissant. Tous le regardaient comme le véritable chef du parti sacerdotal. Caïphe ne faisait rien sans lui, à ce point qu'on associait leurs noms, et même celui d'Anne venait le premier, témoin le texte de saint *Luc*, III, 2 (2).

Anne, nous l'avons dit, n'était plus l'ἀρχιερεύς en titre dans les dernières années de la vie du Christ ; le titulaire était Caïphe. On continuait néanmoins de l'appeler *grand-prêtre* pour bien des motifs. D'abord

---

(1) JOSÈPHE, *ibid.*, XVIII, ch. II, n. 2 ; XX, ch. IX, n. I, etc.

(2) Cf. RENAN, *Vie de Jésus*, ch. XXII, p. 366.

il l'avait été réellement, et même beaucoup
plus longtemps que la plupart de ses pré-
décesseurs ; — ensuite il jouissait d'une influence extraordinaire sur les affaires reli-
gieuses et civiles de son pays (1) ; — enfin
il touchait de très près au souverain pontificat par son gendre (2). Que fallait-il de
plus pour lui assurer l'autorité sur ses
compatriotes ?

Anne vécut jusqu'à un âge très avancé.
Il eut la joie de voir ses cinq fils successi-
vement promus au pontificat (3). Pendant
cinquante années cette dignité demeura
presque constamment dans sa famille.
Aussi Josèphe l'appelle-t-il « le plus heureux homme de son temps (4) » ; ce qui
ne l'empêche pas d'écrire ailleurs que cet
« heureux » personnage avait l'esprit de
sa maison, qu'il était « altier, fourbe, au-
dacieux, cruel » ; — ajoutons qu'il fut
sceptique comme tous les sadducéens de
son parti.

(1) LÉMANN, *op. cit.*, p. 24.
(2) Sur le sens du substantif ἀρχιερεύς chez les Juifs du
1ᵉʳ siècle, voir STAPFER, *La Palestine du temps de J.-C.*,
p. 99, 3ᵉ éd.
(3) Voir plus bas, p. 20.
(4) *Antiq.*, XV, cap. III, n. 1.

§ 2. — *Caïphe, « le grand-prêtre*
de cette année-là ».

C'est en ces termes que saint Jean (1) introduit sur la scène ce triste personnage, le gendre d'Anne l'ex-grand-prêtre : « Caïphas *qui erat pontifex anni illius !* » De son vrai nom il s'appelait Joseph (2). *Caïphas* ou *Kaïaphas* n'était qu'un surnom, sur l'étymologie et le sens duquel les savants ne s'accordent point. On ne sait pas davantage à quelle secte ce *pontifex* appartenait. Il était très problablement sadducéen, comme son beau-père et comme la plupart des prêtres et des aristocrates du temps.

D'après l'opinion commune Caïphe fut nommé ἀρχιερεύς en l'an 18 de notre ère. C'est le procurateur Valérius Gratus qui lui valut cet honneur. Lorsque Jean-Baptiste commença sa prédication sur les bords du Jourdain (3), Caïphe était donc en charge depuis une dizaine d'années déjà (4). A noter que saint Luc, en signa-

(1) *Joan.*, XVIII, 13.
(2) Cf. JOSÈPHE, *Antiq.*, XVIII, chap. II, n. 2 ; chap. IV, n. 2.
(3) Vers l'an 28. Voir KNABENBAUER, *in Luc*, III, I.
(4) Cf. *Luc*, III, 1-3.

lant cette coïncidence, associe Anne à Caïphe : — *sub principibus sacerdotum Anna et Caïpha*, dit-il, — pour marquer sans doute que le gendre d'Anne ne fut jamais qu'un « instrument docile » aux mains de son beau-père, et n'exerça que par lui l'influence (1). « C'était un homme de peu de jugement, remarque le P. Ollivier (2), et de peu de science, violent et brutal, hautain cependant et infatué de sa dignité. Rien ne prouve qu'il eût un mauvais naturel, et l'Evangile même insinue le contraire dans le récit du conseil tenu contre Jésus le 19 février, à la suite de la résurrection de Lazare (3). Il était plutôt de cette race d'hommes qui se laissent entraîner à la remorque de toute inspiration mauvaise. »

Le gendre d'Anne fut, vis-à-vis de Rome, d'un servilisme parfait. Chaque fois que Pilate, le lieutenant de César en Judée, porta atteinte aux droits et à la religion

---

(1) Il n'est pas besoin pour expliquer cela de supposer avec Lightfoot qu'Anne était le vicaire de Caïphe, ou de croire avec Selden que la présidence du Sanhédrin avait été dévolue à Anne, et la souveraine sacrificature réservée à Caïphe. Cf. GODET, *Comm. sur saint Luc*, t. I, p. 233, éd. 3e.

(2) *La Passion*, p. 109, éd. 1re.

(3) Cf. *Joan*, XI, 50.

BIBLIOTHÈQUE NATIONALE R. F.

des Juifs, le lâche Caïphe n'osa jamais protester.

Le Nouveau Testament parle quatre ou cinq fois de lui.

Où il joua un rôle plus important, ce fut au moment de la Passion. C'est lui qui présida l'interrogatoire de nuit où Jésus fut condamné (1). Nous le retrouvons après l'Ascension à la tête du Sanhédrin, quand Pierre et Jean y comparurent (2); cette fois encore il était accosté d'Anne son beau-père. Dans une mémorable circonstance Caïphe prononça une parole prophétique. Au mois de février qui précéda la mort du Christ, le Sanhédrin s'étant assemblé à l'instigation des pharisiens délibérait sur ce qu'il fallait faire de Jésus : « Vous n'y entendez rien, s'écria Caïphe, en plein conseil, vous ne considérez donc pas *qu'il vaut mieux qu'un seul homme meure pour le peuple*, et que toute la nation ne périsse point » (3). Saint Jean ajoute que cette déclaration était une prophétie, Caïphe ayant alors parlé comme grand-prêtre, comme

(1) Cf. *Matt.*, XXVI, 57-66 ; *Marc*, XIV, 55-64.
(2) Cf. *Act.*, IV, 6.
(3) Cf. *Joan.*, XI, 49-52.

représentant officiel de Jéhovah. Mais le gendre d'Anne comprit-il la portée de ses paroles ? C'est peu probable. Ne voulut-il pas plutôt répéter un axiome assez courant chez les Juifs de l'époque ?

D'après Weststein (1), en effet, des aphorismes à peu près semblables se retrouvent fréquemment dans la littérature de l'époque. Quoi qu'il en soit, Caïphe n'est point à ranger parmi les prophètes (2), c'est évident.

Ce grand-prêtre fut déposé en l'an 36 par le légat de Syrie, Vitellius ; il eut pour successeur un des fils d'Anne. On croit que Caïphe s'était rendu impopulaire à Jérusalem et dans toute la Judée, car Josèphe laisse entendre que sa disgrâce fut chose agréable aux Juifs (3). Nous ignorons comment il finit.

§ 3. — *Les prêtres que l'Évangile ne nomme pas*

Outre Caïphe et Anne, Lémann parle

---

(1) In *h. l.* — Cf. WOLF, *Curæ critic. in Joh.*, t. II, p. 922.
(2) Oracle inconscient de la divinité, il ne manifesta dans la circonstance que ce que les théologiens appellent l'*instinctus propheticus.*
(3) *Antiq. jud.*, XVIII, IV, 3.

d'une quinzaine de personnages prêtres, siègeant au Sanhédrin lors du procès de Jésus-Christ.

Il y avait d'abord les cinq fils d'Anne : Eléazar, Jonathas, Théophile, Mathias et Ananus. Le premier seul avait déjà été grand-prêtre ; ses quatre frères le devinrent plus tard.

Éléazar, nommé par Valérius Gratus pour succéder à Ismaël ben Phabi, ne resta en charge qu'un an, et laissa le souverain pontificat à Simon ben Kamith. — Jonathas succéda en l'an 36 à Caïphe, mais seulement pendant une année. — Théophile fut le successeur de Jonathas. Plus heureux que son frère, il conserva ses fonctions durant cinq ans. L'un et l'autre étaient les créatures du légat de Syrie, Vitellius. — Mathias fut grand-prêtre, de l'an 42 à l'an 44. Agrippa Ier le mit à la place d'un fils de Boéthos, Simon Kanthéros (1). — Enfin Ananus, promu vers l'an 62 au souverain pontificat par Agrippa II, ne conserva cette dignité que trois mois. Le procurateur romain Albinus le disgracia.

(1) Voir plus bas, p. 21.

Il existait une autre famille sacerdotale dont plusieurs représentants siégeaient alors au Sanhédrin, c'était la famille de Simon Boéthos (1). Elle comptait trois de ses membres dans la célèbre assemblée : Joazar, Eléazar et Simon Kanthéros. — Le premier avait été nommé grand-prêtre à deux reprises différentes, mais pour peu de temps chaque fois ; son successeur définitif fut le trop fameux intrigant, Anne, dont nous avons parlé. — Le second, Eléazar, remplaça momentanément son frère Joazar dans sa charge, mais Archélaüs le déposa deux mois après l'avoir promu. — Enfin le troisième, Simon Kanthéros, n'était encore que prêtre au moment du procès de Jésus-Christ ; il fut élevé au pontificat sous Agrippa Ier, vers l'an 41 ou 42 (2).

Le livre des *Actes* mentionne encore plusieurs prêtres qui siégèrent certainement parmi les juges du Sauveur. Un d'eux s'appelait Jean (cf. *Act.*, IV, 6,) ; c'est tout ce que nous savons de lui. — Un autre se nommait Alexandre (cf. *Act.*, ibid.) ;

(1) Cf. JOSÈPHE, *Antiq.*, XV, IX, 3; XVII, VI, 4.
(2) Sur ces souverains pontifes des Juifs, à l'époque de J.-C., voir MUNK, *Palestine*, pp. 552, 559, 570.

comme le précédent, il faisait partie du Sanhédrin qui jugea Jean et Pierre arrêtés à Jérusalem, le jour de la Pentecôte. Ni Alexandre ni Jean ne furent jamais ἀρχιερεῖς. — Un troisième personnage dont parlent les *Actes* (1), se nommait Ananie (ben Nebedai). Elevé au pontificat en l'an 49, par Hérode de Chalcis, il y fut maintenu jusqu'en l'année 53, peut-être même jusqu'en l'année 59 (2). Cet Ananie assistait au conseil que le tribun Lysias réunit pour examiner le cas de saint Paul, qu'on venait d'arrêter dans une émeute au Temple. Plus tard le même Ananie se porta comme accusateur de l'Apôtre au tribunal du procurateur Félix, à Césarée. Détesté des Juifs il mourut assassiné en 66 ou 67. — Les *Actes* parlent encore d'un prêtre nommé Scéva, (cf. *Act.*, XIX, 14), qui se trouva parmi les juges de Notre-Seigneur.

D'après Josèphe les autres prêtres présents au « grand conseil » s'appelaient Helkias, Simon ben Kamith, Ismaël ben Phabi. Les deux derniers arrivèrent jus-

______

(1) Cf. *Act.*, XXIII, 2-6 ; XXIV, 1.
(2) Cf. MUNK, *op. cit.*, pp. 573, 574 ; DE SAULCY, *Sept siècles de l'histoire judaïque*, p. 402.

qu'au pontificat sous le procurateur Valérius Gratus, prédécesseur de Ponce-Pilate.

En général ces prêtres et grands-prêtres étaient loin d'être tous honorables.

§ 4. — *Les Scribes.*

Les Scribes, ou γραμματεῖς, formaient la seconde chambre du Sanhédrin. C'étaient les « sages » du temps et du pays. On les appelait aussi « docteurs de la loi ». De fait ils avaient été chargés après l'exil de recopier le texte sacré. A l'époque de Jésus-Christ ils le commentaient et en expliquaient les passages difficiles. C'est précisément en qualité de juristes qu'ils assistaient aux séances du Sanhédrin.

L'autorité des Scribes était grande. Le Talmud dit : « Un sage doit être préféré au roi, car si le sage meurt, nul ne peut le remplacer, tandis que si c'est le roi qui meurt, tout israélite est propre à lui succéder »(1). Mais les Scribes étaient des orgueilleux. Souvent le Sauveur dénonça leur faste ridicule : « Ils aiment, disait-il, à être salués *rabbis*, à occuper les premières places dans les repas et aux synagogues » (2).

(1) Traité *Horaïoth.*
(2) Cf. *Matth*, XXIII, 6, 7.

Dans le Sanhédrin les γραμματεῖς n'étaient qu'au second rang.

Des vingt-trois Scribes présents au jugement de Jésus, douze au moins sont connus. Voici les principaux :

Gamaliel, surnommé l'*Ancien* ; il était petit-fils d'Hillel ;

Siméon, fils du précédent ;

Onkélos, auteur de la paraphrase chaldaïque du Pentateuque ;

Jonathas ben Uziel, à qui l'on doit également des paraphrases sur la Loi et les Prophètes ;

Samuel, le *Petit*, qu'on nomma ainsi pour le distinguer du grand Samuel de l'Ancien Testament ;

Chanania ben Chiskia ;

Ismaël ben Eliza ;

Rabbi Zadok ;

Jochanan ben Zachaï, l'un des hommes les plus influents de l'époque ;

Abba Saül ;

Chanania ;

Eléazar ben Parta.

Pour nous, le plus intéressant de ces Scribes est Gamaliel, qui fut le maître de saint Paul, de saint Barnabé et de saint

Étienne. Esprit droit et équitable, on sait qu'il finit par embrasser le christianisme. Des martyrologes le citent comme un saint, et fixent sa fête au 3 août. Il mourut avant l'an 70 (1).

Quant aux autres Scribes cités plus haut, tous furent d'ardents sectateurs du judaïsme.

§ 5. — *Les Anciens*.

La troisième chambre du Sanhédrin se composait des πρεσβύτεροι. C'étaient des personnages influents et considérés. Ils devaient ce crédit, soit à leurs richesses, soit à leur haute naissance. Maïmonide affirme que plusieurs prenaient rang à côté des prêtres « à cause de la noblesse de leur origine (2). » Nous connaissons une dizaine de ces « Anciens », qui furent au procès de Jésus. C'étaient :

Ben Calba Scheboua, un richissime de Jérusalem ;

Ben Tsitsit Hacassat, non moins riche que le précédent ;

Simon, très estimé pour sa science de la loi ;

(1) Cf. *Dictionnaire de la Bible* (de Vigouroux), s. h. v.
(2) *Constitution du Sanhédrin*, chap. II.

Doras, un des familiers du gouverneur romain, Félix ;

Jean ; Dorothée ; Tryphon ; Cornélius.

N'oublions point Joseph d'Arimathie et Nicodème. L'Evangile dit du premier qu'il était « un noble et riche décurion... bon et juste (1) ». Saint Jean et saint Matthieu assurent même qu'il avait embrassé, quoique en secret, les doctrines de Jésus (2). Aussi ne voulut-il point tremper dans l'affreux crime du déicide ; il évita d'être complice de ses collègues du Sanhédrin qui condamnèrent Jésus-Christ.

Nicodème suivit son exemple. Lui aussi était un disciple caché de Notre-Seigneur (3). Le soir du vendredi saint, il apporta cent livres d'aromates, de myrrhe et d'aloès, pour embaumer le corps du Crucifié. La profession qu'il fit plus tard du christianisme lui attira une excommunication officielle de la synagogue.

Nicodème et Joseph d'Arimathie sont canonisés dans plusieurs martyrologes. Le

______

(1) Cf. *Matth.*, XXVII, 57 ; *Marc*, XV, 43 ; *Luc*, XXIII, 50.
(2) Cf. *Jean*, XIX, 38, coll. *Matth.*, XXVII, 57.
(3) Cf. *Joan*, III, 1-10.

premier a sa fête le 3 août et le second le
31 juillet.

CHAPITRE II

LES JUGES ÉTRANGERS

La sentence de mort portée contre Jésus-
Christ par l'autorité religieuse — repré-
sentée par le Sanhédrin — dut être ratifiée
par l'autorité civile, qui se trouvait alors
aux mains du procurateur Ponce-Pilate.
Le tétrarque de Galilée, Hérode Antipas,
de séjour à Jérusalem au moment de la
Passion, vit aussi le Sauveur paraître à sa
barre.

Or Hérode et Pilate étaient des étran-
gers, comme chacun sait.

§ 1. — *Pilate.*

De son vrai nom ce personnage s'appelait « Pontius ». Pilate — « l'homme au
javelot » — n'est qu'un surnom qu'il devait probablement à quelque acte de bra-
voure à la guerre.

Sa famille, la « gens Pontia », était une
noble famille romaine. Ce Pontius sut vite
conquérir les bonnes grâces impériales. Il

s'insinua à la cour d'Auguste et de Tibère, épousa même une des parentes de César, Claudia Procla (1), et se fit nommer à la charge très importante de procurateur de la Judée, en remplacement de Valérius Gratus. Pilate resta dix ans au pouvoir (2). Rome l'investit d'une autorité très grande : « c'était une sorte de vice-roi, commandant les forces militaires, juge suprême dans les causes capitales, en même temps qu'administrateur des biens du fisc. Il avait la *juridictio* et l'*imperium merum*, à l'instar des « lieutenants de César (3) » dans les autres provinces impériales.

Mais les Juifs le détestaient (4). Avouons que Pilate le méritait bien. A plusieurs reprises il eut la maladresse de les froisser beaucoup. Une fois ne s'avisa-t-il pas de consacrer l'argent du trésor du Temple à la construction d'un aqueduc ! Irrités les Juifs se soulevèrent, et le procurateur mit le comble à sa maladresse en se montrant alors fourbe et cruel. Il envoya des soldats ro-

(1) Une gauloise, — de Narbonne, dit-on.
(2) De l'an 26 à l'an 36.
(3) OLLIVIER, *La Passion* p. 204.
(4) JOSÈPHE, *Antiq.*, XVIII, 3, 1 ; BEURLIER, *Le monde juif au temps de J.-C.*, t. I, pp. 36-39.

mains déguisés en Juifs pour massacrer les insurgés ! Une autre fois il fit porter nuitamment dans Jérusalem les enseignes romaines à l'effigie de César. La nation tout entière en fut indignée, car elle vit dans cette bravade un outrage à la loi et à ses sentiments religieux.

Hautain par tempérament, Pilate ne laissait pas d'être faible, pusillanime, irrésolu. Sa grande peur était de perdre la confiance de Tibère, ou du légat de Syrie. Les Juifs n'en ignoraient pas ; ce fut même cet épouvantail qu'ils exploitèrent en guise d'argument pour lui arracher une sentence de mort contre Jésus (1). Ils savaient aussi que pour vaincre la résistance de Pilate, il suffisait d'insister ; cet esprit faible cédait toujours (2). De là l'entêtement avec lequel ils s'obstinèrent à demander que Jésus fût crucifié.

Une dernière maladresse compromit tout à fait la carrière de Pilate. Des Samaritains ayant voulu se réunir sur le mont Garizim, le cruel procurateur envoya une

______

(1) Cf. *Joan.*, xix, 12.

(2) Josèphe rapporte un très curieux exemple de cette faiblesse de caractère. Cf. *Antiq.*, xviii, 3, 1; *Bell. jud.*, ii, 9, 2, 3.

cohorte de soldats avec l'ordre de les massacrer. Ce fut l'occasion d'un soulèvement général. Le légat de Syrie s'en émut; il destitua Pilate aussitôt, et le fit conduire à Rome, à la barre de l'empereur. Caligula avait succédé à Tibère. Le nouveau César exila l'ex-procurateur dans les Gaules. C'est à Vienne, selon une tradition (1), que Pilate mourut, — de mort violente d'après Eusèbe, dans le repentir suivant d'autres. Quoi qu'il en soit, et en dépit des efforts tentés par plusieurs pour l'innocenter (2), la responsabilité du déicide pèse sur sa mémoire comme un sanglant anathème et une éternelle honte.

§ 2. — *Hérode*

Cet Hérode était fils d'Hérode le Grand et de la Samaritaine Malthace. De son vrai nom il s'appelait Ἀντίπας, contraction de Ἀντίπατρος. A la mort d'Hérode, son père, il eut en héritage la Galilée et la Pérée.

(1) Il existe une tradition différente, d'après laquelle l'ex-procurateur de Judée aurait été exilé en Suisse, sur une montagne dominant le lac de Lucerne, et qu'on a appelée depuis le « mont Pilate ». Dévoré de remords, il se serait précipité dans le lac.

(2) Telle semble être la thèse de M. STAPFER, par exemple. Cf. *La Palestine au temps de J.-C.*, p. 82.

Saint Marc (1) lui donne le titre de βασιλεύς; mais l'évangéliste prend ce mot dans le sens populaire de « prince », de « gouverneur ». En réalité, Antipas n'était que « tétrarque ».

Il avait épousé la fille d'Arétas IV, roi des Nabathéens de Petra. Mais il se sépara d'elle pour se marier à la trop fameuse Hérodiade, femme de Philippe, son frère (2) : adultère criant, que Jean-Baptiste lui reprocha vivement dans une mémorable circonstance (3).

C'est assez dire combien Antipas était dépravé. Il aimait le luxe à l'excès. La fantaisie l'ayant pris un jour d'avoir une superbe capitale, il bâtit sur la rive occidentale du lac de Génésareth une somptueuse cité, qu'il nomma Tibériade pour plaire au César du temps.

Antipas était honni des Juifs. La vilenie de son caractère ambitieux et rusé, les maladresses de son gouvernement, tout le leur rendait antipathique. « C'est peut-être

(1) Cf *Marc*, VI, 14 ; comp. *Matth.*, XIV, 9.
(2) Fils d'Hérode le Grand et de Mariamne, la fille du grand-prêtre Simon Boéthos.
(3) Cf. *Marc*, VI, 14-30.

dans l'histoire, observe Oliivier (1), le type le plus achevé de ces princes orientaux, arrivés au pouvoir par la violence et la ruse, s'y maintenant par la servilité, tyrans de leurs peuples, valets de leurs maîtres. Il avait tout du parvenu, l'orgueil fastueux et méprisant, la prudence cauteleuse et poltronne, la sensualité insatiable et cruelle ». Jésus l'a qualifié d'un mot en le comparant au « renard » (2), type d'hypocrisie et de lâche méchanceté, dans la Bible. Antipas paraît avoir été superstitieux, très friand de prodiges auxquels pourtant il ne croyait pas du tout. Ce sceptique eut l'audace d'en demander un au Christ, qui ne daigna pas même lui répondre (3).

Conformément à la loi juive, le tétrarque de Galilée se rendait aux grandes fêtes à Jérusalem. Forcément il y rencontrait Pilate. Mais à l'époque qui nous occupe, leurs rapports étaient très tendus (4). Peut-être le procurateur romain avait-il quel-

(1) *Op. cit.*, pp. 231-232. Voir aussi BEURLIER, *op cit.*, pp. 41-42.
(2) Cf. *Luc*, XIII, 32.
(3) Cf. *Luc*, XXIII, 8, 9.
(4) *Ibid.*, 12.

quefois contrecarré les visées ambitieuses du fils d'Hérode. On sait qu'ils se réconcilièrent lors du procès de Jésus.

L'orgueil d'Antipas le perdit. Caligula ayant remplacé les « procurateurs » de Judée par un βασιλεύς, auquel il donna les tétrarchies de Philippe et de Lysanias, l'époux d'Hérodiade en conçut une vive jalousie. Poussé par sa femme (1), il fit même le voyage de Rome pour obtenir le titre de roi. Il ne réussit point. Au contraire César le déposa et l'exila avec Hérodiade à Lyon, dans les Gaules (39 ap. J.-C.). Ses États passèrent sous la domination d'Agrippa Ier (2).

Tels furent les juges devant qui Jésus-Christ comparut.

(1) Hérodiade était précisément la sœur d'Agrippa nommé βασιλεύς de Judée par Caligula ; elle s'irrita fort de voir que son frère possédait un titre plus élevé que son mari. Cf. DE SAULCY, *op. cit.*, p. 284.

(2) Les *Actes* parlent de cet Hérode Agrippa Ier, au chap. XII, I, 4.

DEUXIÈME PARTIE

Le jugement de Jésus-Christ

Le Sauveur ne subit pas moins de *six* interrogatoires ; *deux* pendant la nuit du jeudi, et *quatre* dans la matinée du vendredi.

CHAPITRE PREMIER

LES INTERROGATOIRES DE NUIT

On sait que le Sauveur fut arrêté le jeudi soir au jardin de Gethsémani. — Il pouvait être à peu près onze heures. — Les satellites du Sanhédrin le ramenèrent promptement de Gethsémani sur le mont Sion, dans la demeure d'Anne, l'ex-grand-prêtre.

§ I. — *Chez Anne.*

Il était environ minuit (1) quand Jésus franchit le seuil de la maison d'Anne.

(1) Le P. OLLIVIER (cf. *op. cit.*) parle de 1 h. 1/2. C'est peut-être trop tard.

Saint Jean est le seul évangéliste qui mentionne ce premier interrogatoire (1). A bien prendre, il ne s'agissait encore que d'une audience préliminaire. Ne fallait-il pas gagner du temps pour permettre aux membres du Sanhédrin dispersés dans la ville de se réunir chez Caïphe ? On espérait aussi que Jésus laisserait échapper quelque parole compromettante qui motiverait sa condamnation.

Voici donc Jésus devant l'ex-grand-prêtre. Tout autour se tiennent les soudards du Sanhédrin et les valets du pontife; ils ne quittent pas des yeux leur prisonnier. A la lumière vacillante des torches on pouvait les voir s'apprêtant déjà à ricaner. Dans l'atrium Jean l'apôtre s'est introduit, voulant suivre son Maître jusqu'au bout. Timidement Simon Pierre l'a rejoint ; tous deux se chauffent au brasier dans la cour (2).

(1) Cf. *Joan.*, XVIII, 13-24. Des critiques pensent que l'interrogatoire n'eut point lieu chez Anne, mais chez Caïphe. Les ℣℣ 19-23 du chapitre cité de saint Jean devraient donc être expliqués parallèlement avec *Matt.*, XXVI, 57-75 ; *Marc*, XIV, 53-72 ; *Luc.* XXII, 54-65. Cf. FRIEDLIEB, *Archéologie de la Passion*, pp. 96-98, trad. Martin.

(2) C'est à ce moment, chez Anne, que Pierre dut renier son Maître pour la première fois (cf. *Jean*, XVIII, 16, 17).

Alors Anne interrogea Jésus. Ses questions portèrent sur deux points : quels étaient les partisans du « Galiléen » ? Quelles étaient ses doctrines (1) ? Questions perfides assurément ; aussi le rusé grand-prêtre se flattait-il de surprendre dans les réponses du Christ un mot ou deux qui révéleraient le « novateur », le « séditieux », le « faux prophète » ; car enfin c'est là qu'il fallait en venir.

Jésus déjoua la manœuvre en déclarant qu'il n'avait pas à s'expliquer, qu'il avait agi et parlé publiquement, jamais en secret ; qu'on pouvait interroger ceux qui l'avaient vu et entendu ; que n'ayant rien caché il n'avait rien à révéler. — Cette attitude si digne fut jugée outrageante. Pour faire du zèle un valet s'approcha et souffleta Jésus. Celui-ci se contenta de répondre par un dilemme auquel personne ne trouva rien à dire : « Si mon langage est répréhensible, montrez en quoi j'ai failli ; s'il ne l'est pas, pourquoi me frappez-vous ? »

Ce fut tout. — Anne ne prononça point de condamnation ; ce qui prouve bien que l'audience n'était pas juridique, mais seu-

____
(1) *Jean*, ibid , 19.

lement préliminaire. D'ailleurs on sait que d'après l'usage une sentence capitale ne pouvait être portée que le lendemain de la comparution de l'accusé. Dans l'espèce il devenait impossible de remplir cette formalité, car le temps pressait (1). Aussi voulut-on justement sauver autant que possible les apparences, et offrir le simulacre d'un premier interrogatoire avant la séance officielle du jugement définitif (2) ?

§ 2. — *Chez Caïphe, devant le Sanhédrin réuni.*

Un peu avant le premier « chant du coq », c'est-à-dire vers deux heures après minuit, s'ouvrit le second interrogatoire du Sauveur. Il ne fallut guère moins d'une heure et demie à deux heures pour réunir chez le grand-prêtre presque tous les sanhédrites (3), et pour rassembler les témoins.

Cette fois c'est bien le procès *ecclésiastique* et *religieux* qui allait s'instruire, comme plus tard, le lendemain, s'instruisit chez Pilate le procès *civil* et *politique*.

---

(1) *Marc,* XIV, 2.

(2) Cf. GODET, *Comm. sur saint Jean,* t. III. 530.

(3) Il en manquait très probablement quelques-uns, tels que Joseph d'Arimathie et Nicodème.

Mais la procédure contre le Christ ne fut régulière qu'en apparence ; on voulait le *condamner* et non *instruire* sa cause. C'était affaire arrangée ; rien de plus évident.

On amena donc Jésus du tribunal d'Anne au tribunal du grand-prêtre « de cette année-là ». La distance n'était pas considérable ; peut-être Caïphe et son beau-père habitaient-ils les deux ailes d'un palais commun sur Sion (1).

Régulièrement on devait procéder avec méthode. Il eût donc fallu produire l'accusation d'abord ; interroger l'accusé ensuite, ainsi que les témoins à charge et à décharge qui étaient à entendre séparément ; recueillir enfin les voix, et prononcer la sentence. Mais en réalité tout se passa sans ordre et dans le plus grand tumulte. Pour Caïphe et les sanhédrites il importait peu. On se contenta d'un simulacre de procès, nécessaire à cause de l'opinion.

Bien qu'il fût sûr de son conseil, Caïphe sut conduire l'affaire avec une infernale habileté. Des témoins furent subornés pour compromettre d'abord Jésus aux yeux

(1) Cf. FOUARD, *La Vie de N.-S. J.-C.*, t. II, p. 311, note 1.

des prêtres du Sanhédrin, lesquels appartenaient presque tous à la secte du sadducéisme. Or, pour les sadducéens le Temple et ses cérémonies étaient choses absolument intangibles. C'est assez dire combien toute parole attentatoire à la dignité et surtout à l'existence du sanctuaire devait les exaspérer. Précisément les témoins arguèrent de ce grief contre Jésus : « Cet homme-là s'écrièrent-ils, a dit : Je puis détruire le Temple de Jéhovah et le rebâtir en trois jours (1) ». Pourtant ils ne s'accordèrent pas absolument entre eux ; des divergences se produisirent dans leurs dépositions. L'affaire devenait de ce chef très embarrassante. Que faire ?

Caïphe ne se déconcerta point. Brusquement il posa à Jésus une question, laquelle devait appeler une réponse de nature à tout emporter : « Au nom du Dieu vivant, s'écria-t-il, je t'adjure de nous dire si tu es le *Christ, fils de Dieu* ». Et Jésus, qui s'était tu jusque-là, de répondre: « Tu l'as dit : je le suis (2). » Alors le pontife et toute l'assemblée vocifèrent en tumulte :

---

(1) Cf. *Matt.*, XXVI, 61 ; *Marc*, XIV, 58.
(2) Cf. *Matt.*, *ibid*, 63, 64 ; *Marc*, *ibid.*, 61, 62.

« Il a blasphémé ! Il a blasphémé ! A quoi bon maintenant des témoins ? » Le Galiléen fut condamné sur l'heure, car d'après la loi (1) le blasphème était puni de mort. Séance tenante, Caïphe déchira ses vêtements jusqu'à la ceinture ; — c'était une manière de protester prescrite quand on entendait blasphémer ; — et dans tout le Sanhédrin il n'y eut qu'une voix : *Reus est mortis !*

Ces débats se prolongèrent fort longtemps ; saint Matthieu et saint Marc nous permettent du moins de le supposer (2). Ouverte à deux heures après minuit cette séance ne dut se terminer guère avant quatre heures (3).

CHAPITRE II

LES INTERROGATOIRES DE LA MATINÉE DU VENDREDI

Pendant cette douloureuse matinée, le

(1) Cf. *Levit.*, XXIV, 10-16.

(2) Cf. KNABENBAUER, *Comm. in Matt.*, t. II, pp. 466, 476 ; *Comm. in Marc.*, pp. 394-399.

(3) Depuis ce moment jusqu'à l'aube — καὶ εὐθὺς πρωΐ cf. *Marc.* XV, 1) — le Sauveur fut livré aux mains d'une vile soldatesque qui l'accabla d'injures et de coups.

Sauveur subit quatre interrogatoires : un premier devant le Sanhédrin réuni de nouveau (cf. *Matt.*, XXVII, 1 ; *Marc.*, XV, 1 ; *Luc,* XXII, 66-71) ; un second (le premier) devant Pilate (cf. *Matt.*, XXVII, 2, 11-14 ; *Marc,* XV, 1-5 ; *Luc,* XXIII, 1-5) ; un troisième devant Hérode (cf. *Luc,* XXIII, 7-12) ; un quatrième (le dernier) devant Pilate (cf. *Matt.*, XXVII, 15-17, 19-26 ; *Marc,* XV, 6-10, 11-19 ; *Luc,* XXIII, 13-19, 20-25 ; *Jean,* XVIII, 39, — XIX, 1-16).

§ 1. — *Premier interrogatoire du matin devant les sanhédrites.*

Au petit jour, — καὶ εὐθὺς πρωΐ (*Marc,* XV, 1) — dès avant cinq heures du matin probablement, le Sanhédrin s'assembla de nouveau sous la présidence de Caïphe pour ratifier la sentence de la nuit. « Les sanhédrites avaient intérêt, écrit Hoffmann, à empêcher que la procédure nocturne et la condamnation prononcée n'apparussent entachées de nullité ; — elles ne l'étaient que trop, en effet, comme nous le montrerons ; — d'autre part on était bien aise de se procurer, par un nouvel aveu du condamné, une preuve plus péremptoire de son prétendu blasphème, et de donner alors toute la solennité possible à sa condamnation » (1). Voilà pourquoi le « conseil » se réunit au grand complet (2).

Beaucoup pensent que cette réunion se fit dans la salle officielle du Sanhédrin, appelée salle de *Gazith* (3). Les Juifs auraient évité ainsi une irrégularité dans les formalités de la procédure.

Il semble qu'on délibéra d'abord, avant d'introduire l'accusé. Ces délibérations purent se prolonger pendant une demi-heure. Sur quoi roulèrent-elles ? Vraisemblablement sur les moyens à prendre pour que la sentence de mort fût exécutée par l'autorité civile. Or l'on crut qu'une condamnation contre Jésus « faux Messie » serait le meilleur prétexte à présenter au procurateur romain ; car tout « faux Messie » devait être un séditieux, un rebelle, un fauteur de troubles, voire même un prétendant à la couronne de Judée.

Après ces délibérations on fit monter

(1) *Le Procès de J.-C.* p. 91.
(2) Cf. *Matth..* XXVII, 1.
(3) On le déduit avec assez de vraisemblance des termes mêmes de *Luc*, XXII, 66 : ἀνήγαγον αὐτὸν. Cf. GODET, *Comm. sur saint Luc*, t. II, 503.

(ἀνήγαγον) Jésus. Il n'était pas encore six heures.

Immédiatement on posa cette question à l'accusé : « Si tu es le « Christ » (c'est-à-dire le Messie), dis-le-nous ! » Et le Sauveur, sentant bien qu'il fallait en finir tout de suite avec ces hypocrites, non seulement laissa entendre qu'il était véritablement le « Messie », — c'était un premier grief, — mais il insinua qu'il était aussi le « Fils de Dieu ». Alors un indescriptible tumulte se produisit. « Toi, tu es le Fils de Dieu ! » cria-t-on de toute part. — Cette déclaration constituait un second grief, le principal au point de vue juif, et il entraînait la peine capitale. A l'unanimité cette peine fut donc prononcée (1).

Le procès religieux était fini ; le procès civil va commencer.

§ 2. — *Première comparution devant Pilate.*

Entre six heures et demie et sept heures le Christ dut prendre le chemin du prétoire.

Du palais de Caïphe à celui de Pilate,

(1) Cf. *Luc,* XXII, 66-71.

près de la tour Antonia, à l'angle nord-ouest du temple, la distance n'était pas considérable. Si l'on suppose que Jésus partit de la salle de *Gazith*, le trajet fut encore plus court. Quelque hypothèse qu'on admette, l'interrogatoire devant le procurateur commença vraisemblablement vers les sept heures.

C'était bien un peu tôt (1), et Pilate en manifesta du mécontentement ; on le sent à la brusquerie de ses interrogations. Une chose l'ennuyait encore : la prévision d'un gros embarras que cette affaire allait probablement lui susciter ; tant il est vrai que ces insupportables Juifs ne lui en soumettaient pas d'autres.

Enfin le Romain se résigna, quoique d'assez mauvaise grâce. Il s'enferma dans son prétoire avec le prévenu. La foule demeura dehors, et n'entra point, afin d'éviter une souillure légale la vieille même de Pâques. Voyant que l'accusé gardait le silence, et ne sachant pas au juste de quoi il s'agissait, Pilate sortit vivement, et s'adressant à la foule : « Qu'avez-vous donc à lui

(1) Les Romains n'ouvraient ordinairement leurs audiences qu'à la troisième heure (9 h. du matin). — Friedlieb.

reprocher ? » s'écria-t-il. Les Juifs eurent le front de demander que le procurateur confirmât leur sentence *sans examen* : « Mais, répondirent-ils, si cet homme n'était pas un malfaiteur, nous ne te l'aurions pas livré ? » — Habile manœuvre ! D'une part ils auraient voulu conserver le plus possible leur séculaire autonomie en demeurant les seuls juges de l'affaire, et en laissant à Pilate le rôle de bourreau ; de l'autre ils craignaient un insuccès en produisant des griefs dont ils ne se dissimulaient pas l'inanité. Mais Pilate les comprit : « Très bien ! Puisque vous avez jugé seuls, punissez donc seuls aussi votre homme ; emmenez-le, et infligez-lui telle peine que vos lois vous permettent ». Ainsi le procurateur jouait au fin et se débarrassait d'un mauvais cas ; la tactique n'était pas inhabile (1).

L'ironie et le procédé du rusé magistrat ne faisaient pourtant pas le compte des Juifs. Il leur fallut négocier autrement. « Mais nous ne pouvons mettre à mort personne », se récrièrent-ils. Hélas ! c'était l'aveu public de leur déchéance nationale ;

____

(1) Cf. GODET, *Comm. sur saint Jean*, t. III, p. 551.

ils s'y résignèrent pour la circonstance. Quelle suprême humiliation !

Après cela ils abordèrent des griefs politiques. S'être montré « séditieux », « rebelle », s'être déclaré le « Messie », c'est-à-dire roi, ou prétendant à la royauté, tels étaient à les entendre, les grands forfaits de Jésus (1).

Calomnies et mensonges que tout cela (2) !

Il paraît bien que Pilate s'en défia, car étant rentré dans son prétoire il interrogea Jésus pour savoir ce qu'il en était. Son langage trahit même l'irritation d'un homme froissé de jouer un rôle de dupe : « Suis-je donc Juif, moi ? s'écria le procurateur avec vivacité. On t'a conduit à ma barre : qu'as-tu fait ? Oui ou non, es-tu roi ? » Pilate ne comprit rien ou affecta de ne rien comprendre aux réponses de Jésus ; il crut avoir affaire à un illusionné. Alors revenant vers les Juifs : « Pour moi, dit-il, je ne trouve aucun crime en lui » (3).

Il allait le renvoyer absous, quand tout à coup l'idée lui vint d'user d'un expé-

(1) Cf. *Luc*, XXIII, 2.
(2) Ct. *Matt.*, XXII, 21.
(3) Cf. *Joan*,, XVIII, 38.

dient : traduire Jésus devant le tétrarque de Galilée.

§3 . — *A la barre d'Hérode Antipas.*

Renvoyer Jésus le Galiléen à Hérode Antipas, c'était naturel, puisque Antipas administrait la Galilée ; c'était aussi de la part du procurateur une habile tactique : il se débarrassait par là d'une affaire qui l'ennuyait fort ; puis il faisait une avance pour se réconcilier avec le tétrarque, son jaloux voisin. La cause de leur rupture avait été probablement un conflit d'autorité ; il sembla à Pilate qu'il ramènerait le prince en lui concédant pour l'heure un simulacre de juridiction à Jérusalem (1).

Devant Hérode, le Sauveur fut interrogé, accusé, insulté.

Le tétrarque le harcela de questions ; Jésus ne daigna pas répondre un mot à ce sceptique.

A leur tour les sanhédrites couvrirent le patient de nouvelles calomnies et inventèrent de nouveaux mensonges ; Jésus se taisait toujours.

(1) Cf. GODET, *Comm. sur saint Luc*, t. II, p. 512.

On en vint aux moqueries ; même silence.

Hérode alors ordonna de revêtir ce muet prétendant à la royauté d'un manteau de couleur blanche, comme les monarques juifs et les grands de Rome en portaient dans les circonstances solennelles. C'était une nouvelle insulte. Mais le tétrarque voulait ainsi montrer à tous que ce roi de parade n'était qu'un fou (1).

Et il le renvoya à Pilate.

§ 4. — *Au Lithostrotos.*

La dernière phase du procès de Jésus ne fut qu'une série d'expédients, auxquels Pilate essaya de recourir pour éviter de condamner un innocent. Cette lutte se prolongea une grande heure et demie, depuis dix heures environ jusque vers midi. Elle eut pour principal théâtre, non plus l'intérieur du prétoire, mais la cour qui s'étendait au-devant, appelée par les Juifs *Gabbatha*, et par les grecs *Lithostrotos*.

Un premier expédient de Pilate fut de confronter Jésus avec Barabbas : d'une part un homme que l'évidence même procla-

***

(1) Saint Luc seul raconte la comparution de Jésus devant Hérode. *Luc*, XXIII, 6-12.

mait innocent ; de l'autre un misérable que la voix publique condamnait. Le procurateur se flattait de faire bénéficier le Christ de la comparaison. « Cet homme, dit-il aux Juifs, serait donc un séditieux selon vous ! Mais nous l'avons interrogé, Hérode et moi, et il ne nous paraît coupable en rien des crimes qu'on lui impute (1). Voyons : c'est l'usage que je délivre un prisonnier à la fête de Pâques ; voulez-vous que je relâche le roi des Juifs ? — Non, non, pas lui ! s'écrie la foule en colère, mais Barabbas (2) ! »

L'expédient échouait. Il ne pouvait du reste aboutir qu'à montrer la faiblesse de volonté du procurateur, et à donner plus de hardiesse aux adversaires de Jésus.

Le magistrat romain ne se découragea pourtant pas. Se ravisant, il essaya d'un expédient nouveau : flageller la victime afin de prendre le peuple par la pitié ! « Que voulez-vous donc que je fasse de Jésus surnommé le Christ ? ajouta-t-il. — Qu'on le crucifie ! répond la foule. —

---

(1) Cf. *Luc*, xxiii, 13-16.

(2) Cf. *Jean*, xviii, 39, 40 ; *Matt.*, xxvii, 17, 18 ; *Marc*, xv. 9, 12 ; *Luc*, xxiii, 17, 19.

Mais il n'a rien fait qui mérite la mort, riposte Pilate ; après l'avoir fouetté, je vais vous le remettre (1). »

Et Jésus fut horriblement flagellé par les soldats du procurateur, « ramassis d'êtres grossiers et brutaux, recrutés un peu partout, et qui faisaient payer cher aux Juifs leur obligation de tenir garnison dans ce pays perdu de Judée (2) ». La flagellation romaine était d'ailleurs une affreuse torture. Pour frapper on se servait tantôt de baguettes, tantôt de lanières armées aux extrémités d'osselets ou de morceaux de plomb. Le condamné recevait les coups, attaché à un petit poteau, de manière à présenter le dos courbé et la peau tendue. De bonne heure, sous les verges, le sang jaillissait et les chairs volaient en lambeau (3). Pilate espérait que les Juifs se montreraient satisfaits. Il laissa encore sa garde prodiguer à Jésus les moqueries et les insultes. Ces soldats s'amusèrent à mettre une couronne d'épines sur la tête du flagellé, un manteau de pourpre

(1) Cf. *Luc*, XXIII, 22.
(2) STAPFER, *Le jugement de Jésus*, p. 197.
(3) Cf. FRIEDLIEB, *op. cit.*, pp. 144-146.

sur ses épaules, un roseau en guise de sceptre dans ses mains.

C'est dans cet accoutrement que le procurateur présenta Jésus à la foule ameutée : « Voilà l'homme ! », dit-il. L'effet qu'il attendait fut manqué. Haineux et sans pitié les Juifs répondirent : « Qu'on le crucifie ! Qu'on le crucifie ! » — « Alors prenez-le et le crucifiez vous-mêmes, répartit Pilate avec dépit ; pour moi je ne le trouve nullement coupable (1). »

A ce moment les négociations entrèrent dans une nouvelle phase. Les Juifs durent abandonner leurs accusations dont le procurateur ne pénétrait que trop l'odieux et la fausseté, et ils reprirent le grief d'ordre religieux allégué déjà dans les séances du Sanhédrin. « Mais il s'est fait lui-même « Fils de Dieu », répliquèrent-ils, et pour cela il doit, d'après nos lois, être mis à mort (2). »

Soit superstition, soit tout autre motif, Pilate prit peur, et voulut malgré son scepticisme de païen s'assurer davantage de l'origine du condamné qu'il avait à sa

(1) Cf. *Jean*, XIX, 4-6.
(2) *Ibid.*, 7.

barre. Etant donc rentré dans le prétoire il interrogea de nouveau Jésus : « D'où es-tu ? » lui dit-il. Le Christ ne répondit que par un silence qui irrita la fierté du Romain : « Tu ne sais donc pas, ajouta celui ci, que j'ai le pouvoir de te relâcher et le pouvoir de te crucifier ? » Jésus se décida à répondre, mais ce fut pour établir nettement la part des responsabilités qui pesaient sur Pilate lui-même et sur les Juifs.

Le procurateur, frappé de la dignité d'un tel langage, résolut d'en finir ; il allait délivrer Jésus, quand les sanhédrites recoururent à une dernière manœuvre : intimider Pilate ! Cette fois ils frappèrent juste ; le coup réussit. « Si tu le délivres, vociférèrent-ils, tu n'es pas ami de César, car quiconque se dit roi, s'oppose à l'empereur (1). » Le poltron fonctionnaire frissonna, sentant que sa place était en jeu ; il céda aussitôt, et assis sur son tribunal, au Lithostrotos, il laissa tomber de ses lèvres la terrible sentence.

C'en était fait ; Jésus était condamné. Les Juifs avaient gain de cause et le Christ fut crucifié.

(1) Cf. *Jean*, XIX, 12.

CHAPITRE UNIQUE

VALEUR DU PROCÈS RELIGIEUX ET DU PROCÈS CIVIL.

C'est une opinion assez en vogue aujourd'hui parmi les critiques protestants, que Jésus fut jugé et condamné *légalement.* « Nous savons, écrit Albert Réville (1), que le Sanhédrin connaissait de plein droit des atteintes portées à la loi et à la religion juive, des cas de blasphème et de révolte contre l'autorité sacerdotale... Nous savons aussi que la peine de mort, quand il la prononçait, devait recevoir la sanction du procurateur pour être mise à exécution. Rien de tout cela n'a manqué au procès de

____

(1) *Jésus de Nazareth,* t. II, pp. 382-383.

Jésus. Après sa mort ses disciples se sont inclinés avec douleur devant la volonté divine, qui avait permis que le « Saint » et le « Juste » subît un sort aussi humiliant, mais nous ne voyons pas s'élever la moindre plainte concernant les violations de l'ordre juridique dont le procès aurait été vicié. Quand donc on soutient, comme jadis M. Dupin (1), que ce procès fut une série d'illégalités, on oublie que l'Apôtre Paul partait du fait que la mort de Jésus avait été conforme à la loi pour établir que, précisément pour cela, la loi était abolie par la croix. »

A l'encontre de ces assertions, nous maintenons que le procès ecclésiastique et le procès civil du Sauveur ne furent qu'un tissu de calomnies et d'illégalités.

En effet, dans *les membres* qui le composaient, « le Sanhédrin ne présentait alors, observe Lemann (2), qu'un assemblage d'hommes en majeure partie indignes de leurs fonctions. Nulle piété chez eux, nulle droiture, nulle valeur morale : les historiens juifs eux-mêmes les ont flétris». Que

(1) *Jésus devant Caïphe et Pilate.*
(2) *Op. cit.*, p. 99.

valaient des ἀρχιερεῖς tels que Caïphe et Anne ? Sans compter qu'ils devaient à la faveur des magistrats romains, ou à d'inavouables intrigues, leur élévation au pontificat, ils n'étaient pas plus recommandables par leur conduite que par leur caractère. Leurs assesseurs, prêtres, scribes et Anciens, méritaient un égal mépris. « Gourmands », « capricieux », « voleurs », « orgueilleux », « violents », telles sont les épithètes que Josèphe leur décerne. Pilate et Hérode Antipas n'étaient pas plus estimables : le premier fut un lâche doublé d'un sceptique, et le second, par ses débauches, est devenu légendaire dans l'histoire. Voilà les juges de l'innocent Jésus !

Mais venons-en au procès lui-même.

Le protestant Stapfer (1) assure que « l'ensemble de la procédure fut correct et conforme au droit d'alors, sauf sur un point, la précipitation avec laquelle on condamna à mort l'accusé avant d'attendre un second vote de l'assemblée, le lendemain, comme l'exigeait la loi en vigueur ». L'abbé Lémann au contraire estime qu'il n'y eut pas moins de *vingt-sept* irrégulari-

(1) *Op. cit.*, t. III, p. 172.

tés dans le seul jugement ecclésiastique.

Il suffira d'en rappeler quelques-unes. Le loi juive défendait expressément d'instruire une affaire *la nuit*, et de juger *la veille de la grande fête de Pâques* (1). Le Sanhédrin passa outre dans l'affaire de Jésus. C'étaient déjà de graves irrégularités !

D'après les lois encore, toute sentence de mort portée hors de la salle *Gazith* demeurait *nulle de plein droit*.. Or, c'est dans la maison de Caïphe que Jésus fut la nuit premièrement et définitivement condamné. Nouvelle irrégularité !

Les dépositions des témoins ne furent point faites non plus suivant la loi. Les sanhédrites voulant aller vite, on précipita tout, au mépris des usages de la plus élémentaire justice. Irrégularités sur irrégularités !

Quant au fond même du procès, personne n'ignore que le Sanhédrin ne prononça que sur des calomnies et d'odieux mensonges. Non seulement les accusations ne concordaient pas, mais elles étaient fausses (2), sauf une, à savoir que le

---

(1) Voir les textes à l'appui dans Lémann, *op. cit.*, p. 60
(2) Cf. *Matt.*, XXVII, 23 ; *Jean*, XIX, 6 ; XVIII, 38.

« Galiléen » se disait « Fils de Dieu ». Or cela fut exploité de la plus indigne façon et regardé comme un blasphème (1).

Les autres accusations, qui étaient absolument sans portée, furent néanmoins tenues pour suffisantes : ce que la loi hébraïque défendait, — comme elle défendait encore de prononcer une sentence capitale le jour même où l'accusé avait comparu. Le Sanhédrin s'en moqua. Irrégularités nouvelles !

N'était-ce pas enfin une illégalité que de condamner Jésus, comme on le fit, *a priori*, avant toute audition de témoins, et sans que le prévenu eût été mis en demeure de se défendre (2) ?

Incontestablement la procédure des sanhédrites ne respire, du commencement à la fin, que haine et injustice.

De la part de Pilate il n'y eut point, à vrai dire, dans le procès civil, la même animosité haineuse. Y eut-il plus de justice ? Non. Etait-ce de la justice que ces expédients auxquels recourut le malheu-

<hr>

(1) Voir là-dessus d'intéressants détails dans Hoffmann, *Le Procès de N.-S· J.-C.*, pp. 150-158.

(2) Cf. LÉMANN, *op. cit.*, pp. 48-55

reux procurateur ? Voyant parfaitement
bien que Jésus n'était coupable d'aucun
des crimes qu'on lui imputait, — ni du
crime de lèse-majesté, ni du crime de ré-
bellion, — le timide magistrat devait relâcher l'accusé, mais il n'osa pas ; c'est par
peur qu'il délivra Barabbas de préférence
au Christ ; par peur encore qu'il ordonna
le supplice de la flagellation. Il en avait
le droit strict, dira-t-on. Peut-être, mais
dans l'espèce, l'usage du droit devenait un
abus, et la justice le cédait à la force bru-
tale. On ne punit pas, on ne frappe pas
comme coupable celui qu'on sait innocent.

D'ailleurs Pilate, dans toute cette affaire,
viola les formalités les plus élémentaires
de la procédure romaine. Il ne désigna
pas les accusateurs ; il n'accorda point à
l'accusé les délais de rigueur pour choisir
ses avocats ; il ne s'enquit pas même si le
prévenu avait un défenseur ; donc pas de
citation en règle, pas de discussion contra-
dictoire, pas de confrontation des témoins
à charge et à décharge ; finalement la sentence ne fut pas même prononcée dans les
termes requis. « Il n'y eut par conséquent

pas de procès à proprement parler, observe Hoffmann, et l'on pourrait s'écrier comme Cicéron : *Crimen sine accusatore, sententia sine concilio, damnatio sine defensione* (1) ! »

(1) *Op. cit.*, p. 223.

BIBLIOTHÈQUE NATIONALE — R.F. — IMPRIMÉS

TABLE DES MATIÈRES

TROISIÈME PARTIE

CRITIQUE DU JUGEMENT DE JÉSUS-CHRIST

FIN DE LA TABLE

Saint-Amand (Cher). — Imprimerie BUSSIÈRE.

www.ingramcontent.com/pod-product-compliance
Lightning Source LLC
Chambersburg PA
CBHW051618060726
47597CB00004B/1335